AF232264

ÉTUDE

SUR UN

PROJET DE CONSTITUTION

PARIS. — IMP. SIMON RAÇON ET COMP., RUE D'ERFURTH, 1.

ÉTUDE

SUR UN

PROJET DE CONSTITUTION

A MONSIEUR GENTEUR

AVOCAT

ANCIEN PRÉSIDENT DE SECTION AU CONSEIL D'ÉTAT

PAR E. F. MOULIN

AVOCAT

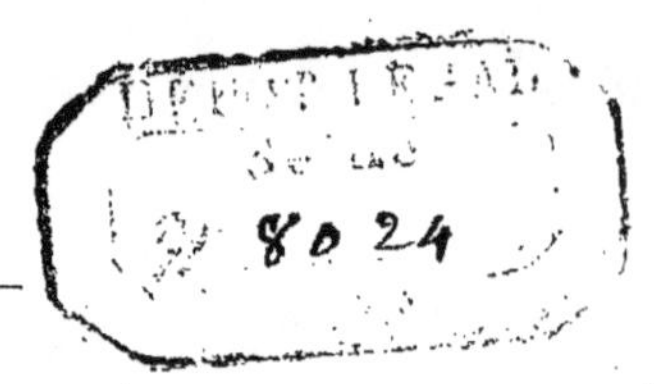

PARIS

A. DURAND ET PEDONE LAURIEL, ÉDITEURS

9, RUE DE CUJAS (ANCIENNE RUE DES GRÉS)

1873

ÉTUDE

SUR UN

PROJET DE CONSTITUTION

A MONSIEUR GENTEUR,

AVOCAT,

ANCIEN PRÉSIDENT DE SECTION AU CONSEIL D'ÉTAT.

Au moment où l'Assemblée nationale va se réunir pour discuter les lois organiques, permettez-moi, cher maître et ami, de vous adresser un projet de constitution, que le 20 février 1871, je remis à mon honorable et regretté ami Dufaure, rédacteur-propriétaire de *la Concorde de Seine-et-Oise*, et qui fut publié dans ce journal le 8 juin suivant. Vous, qui avez prêté l'appui de votre savoir et de votre talent à la confection de tant de lois, et qui êtes très-certainement appelé à le prêter encore, vous pourrez apprécier si ce projet a quelque mérite. Il a celui du moins d'avoir été inspiré par l'amour de la vraie liberté, par la nécessité d'assurer une protection efficace à tous les droits respectables, et par le désir de conjurer, autant que possible, les guerres entre les peuples.

Comment, allez-vous penser, ai-je pu avoir l'idée de rédiger un projet de constitution, alors que depuis 1789, nous avons eu les treize constitutions suivantes :

Constitution des 3-4 septembre 1791 ;
Constitution du 24 juin 1793 ;
Constitution du 5 fructidor au III ;
Constitution du 22 frimaire an VIII ;
Sénatus-consulte du 28 floréal an XII ;
Charte du 4 juin 1814 ;
Acte additionnel du 22 avril 1815 ;
Charte du 6 août 1830 ;
Nouvel article 23 de la Charte ;
Loi sur la régence du 30 août 1842 ;
Constitution du 14 novembre 1848 ;
Constitution du 14 janvier 1852 ;
Sénatus-consulte de 1870 ;

Et que pas une de ces constitutions n'a vécu, bien qu'elles fussent pour la plupart, l'œuvre d'hommes éminents (Siéyès, Bonaparte, Benjamin Constant, Talleyrand, etc.), et qu'elles eussent été inspirées, les unes par les principes monarchiques, les autres par les idées démocratiques. Pas une de ces constitutions n'a vécu; pas une en effet ne pouvait vivre, parce que pour naître durable, une constitution ne doit pas se produire au milieu des agitations révolutionnaires, mais être élaborée dans le calme, sous l'inspiration de ces grands principes, dont Washington voulait procurer les bienfaits, à ceux qui vivraient sous le gouvernement de son rêve, gouvernement assez ferme et assez permanent pour leur garantir la vie, la liberté, la propriété. Il est certain qu'une constitution pourra défier le temps et les révolutions, si elle consacre et formule ces principes immuables, devant lesquels la conscience de tous les peuples s'incline toujours avec respect. Si les législateurs se pénétraient de cette vérité, ils s'appliqueraient à les consacrer dans la confection des lois; ils favoriseraient par suite l'établissement en Europe de l'unité de légistation, ce serait un premier pas vers cette unité européenne, qui seule pourrait mettre un terme à ces horribles guerres. La guerre est en effet le plus terrible des fléaux qui désolent le monde, elle détruit tout ; par elle les populations sont moissonnées, la marche de tous progrès est arrêtée ; l'ordre social est ébranlé, les empires mêmes sont parfois renversés..... Aussi, a-t-elle été maudite par le plus grand conquérant qu'elle ait illustré, par Napoléon Ier qui a dit : « *Tant qu'on se battra en Europe, cela sera une guerre civile...* » Afin de prévenir le retour de ces guerres funestes et pour affermir la paix sur de solides bases il avait songé à organiser un système fédératif européen. « Son génie lui faisait prévoir que la rivalité qui divise les différentes nations de l'Europe, disparaîtrait devant un intérêt général bien entendu. » Aujourd'hui cette grande pensée de l'unité européenne ne se trouve plus dans les combinaisons diplomatiques de la politique, et cependant sa réalisation, vers laquelle nous pousse le mouvement de la civilisation, procurerait la richesse aux divers États de l'Europe, en leur permettant de renoncer à ce système d'armées permanentes, qui est une des plus graves causes d'appauvrissement pour les sociétés modernes. Les armées permanentes de l'Europe absorbent en effet, plus du tiers de son revenu total ; de plus, c'est en grande partie, pour les besoins de leurs armées, que ces divers États ont contracté l'énorme dette dont ils sont grevés, qui ne s'élève pas à moins de soixante-huit milliards. — L'établissement d'une confédération européenne permettrait d'opérer sur de larges bases une réduction de l'effectif de l'armée, par suite les charges énormes qui pèsent sur tous les États, se trouveraient diminuées dans des proportions considérables, et quatre millions d'hommes jeunes et vigoureux pourraient être rendus à la vie sociale, à l'agriculture, à l'industrie et aux travaux d'utilité publique.

Mais serait-il possible d'établir de nos jours, en Europe, ce système fédératif rêvé par Charlemagne et par Napoléon, de former cette grande unité que le comte Joseph de Maistre lui-même, cet infatigable ennemi de la révolution, a salué de loin, et dont Saint-Simon a pronostiqué la bienvenue en ces termes :

« Il viendra sans doute un temps où tous les peuples de l'Europe sentiront qu'il faut régler les points d'intérêt général avant de descendre aux intérêts nationaux ; alors les maux commenceront à devenir moindres, les troubles à s'apaiser, les guerres à s'éteindre ; c'est là que nous tendons sans cesse, c'est là que le cours de l'esprit humain nous emporte !... » Nous pensons qu'il serait possible d'établir l'unité européenne, non-seulement parce que les relations entre les différents États sont devenues si faciles et si fréquentes qu'on peut dire qu'il existe déjà entre eux une véritable fusion, mais encore parce que presque tous les peuples de l'Europe ont une commune origine, et que, par conséquent, cette fusion est toute naturelle.

Tous les peuples de l'Europe, disons-nous, si l'on en excepte les Hongrois, les Finnois, les Turcs, les Bulgares, quelques peuplades des bords du Volga, et les Tatars des steppes de la Russie, ont une commune origine. A cet égard il ne peut y avoir de doute, lorsqu'on considère que le fond des langues et des mythologies des peuples caucasiens est le même, que leur esprit a les mêmes tendances et qu'ils ont tous une égale aptitude à la civilisation. Il est certain d'ailleurs que la plupart des peuples de l'Europe appartiennent à la grande famille Indo-Européenne ou Aryane. L'histoire nous apprend en effet que dans les temps les plus reculés, les Aryas descendus des plateaux de la Bactriane se sont emparés des plaines occidentales de l'Indus et du bassin du Gange, occupés avant eux par une population de souche Mongole, et qu'ils ont dompté et asservi la population primitive de ces contrées sans se mêler avec elle. Vers la même époque d'autres tribus Aryanes, se ramifiant vers l'Ouest, fondèrent les nationalités Mèdes et Persane, Ionienne, etc., etc., arrivèrent jusque dans la Grèce par l'Asie Mineure et le Caucase.

A des époques plus reculées encore, le reste de la famille Aryane se répandit sur l'Europe, où elle s'établit définitivement. Bien que provenant de la même souche, cette famille s'est divisée en nationalités distinctes sous les influences combinées du climat, de la nature du sol, de la manière de vivre et du régime politique. Sur deux cent quatre-vingt-un millions cinq cent mille individus environ qui peuplent l'Europe, deux cent dix-huit millions environ appartiennent à la race Aryane pure, et se subdivisent en différentes races, qui sont les suivantes : la *race Germanique*, la *race Scandinave*, la *race Celtique*, la *race Pélasgique* et la *race Slave*.

Les Pélasges, qui n'ont peut-être jamais existé comme race homogène, sont la souche des races *Italiques*, de la race *Hellénique*, et très-probablement de la race *Albanaise*.

Quarante millions font partie du groupe Slavo-Ouralien, qui se rattache à la famille Aryane par les liens du sang, et par l'usage des dialectes de la langue Slavonne.

Sur les vingt-trois millions qui restent, six millions de Celto-Basques, deux millions de Finnois, cinq millions de Hongrois (Magyars), trois millions de juifs, peut-être sept cent mille Basques non mélangés, sinon tout à fait étrangers au sang aryan.

Les Finnois, les Hongrois et une partie des Basques ont conservé leur langue originelle.

De ce fait que tous les peuples de l'Europe (excepté ceux que nous avons indiqués plus haut), ont une commune origine, on peut conclure qu'ils sont doués d'aptitudes identiques qu'ils sont faits pour la civilisation, et qu'ils pourraient être soumis à des lois uniformes.

L'établissement en Europe de l'unité de législation serait un premier pas fait vers l'unité européenne, car elle établirait entre ses différents peuples cette solide alliance qui résulte nécessairement de l'exercice des mêmes droits, de la pratique des mêmes devoirs, des mêmes usages, des mêmes habitudes, et qui finit par créer cette similitude de mœurs resserrant entre les peuples ces liens sympathiques qui éloignent sûrement de leur esprit les idées de discorde et de guerre.

L'idée d'établir en Europe l'unité de législation n'est pas nouvelle... Elle a été rêvée, comme nous l'avons dit plus haut, par Charlemagne, par Napoléon qui à Sainte-Hélène, à la date du 11 novembre 1816, écrivait : « Une de mes grandes pensées avait été l'agglomération, la concentration des mêmes peuples géographiques qu'ont dissous, morcelés les révolutions et la politique. Ainsi, l'on compte en Europe, bien qu'épars, plus de trente millions de Français, quinze millions d'Espagnols, quinze millions d'Italiens, trente millions d'Allemands ? « *J'eusse voulu faire de ces peuples un seul et même corps de nation.* C'est avec un tel cortége qu'il eût été beau de s'avancer dans la postérité et la bénédiction des siècles. Je me sentais digne de cette gloire ! »

« Après cette simplification sommaire, il eût été plus possible de se livrer à la chimère du bel idéal de la civilisation : c'est dans cet état de choses qu'on eût trouvé plus de chance *d'amener partout l'unité des codes, celle des principes, des opinions, des sentiments, des vues et des intérêts...* Alors, peut-être à la faveur des lumières universellement répandues, devenait-il permis de rêver pour la *grande famille européenne* l'application du congrès américain ou celle des amphyctions de la Grèce; et quelle perspective alors de force, de grandeur, de jouissance, de prospérité ! Quel grand et magnifique spectacle !.... »

L'empereur Napoléon n'avait considéré l'unité européenne et l'unité de législation comme possibles qu'au moyen de la guerre, en les imposant après la victoire aux peuples vaincus et soumis.

Aujourd'hui, il ne peut plus en être ainsi ; c'est avec la paix et comme un moyen d'alliance indissoluble entre les peuples qu'il faut les proposer à l'Europe.

Vainement ceux qui repoussent sans examen préalable la réalisation des idées nouvelles, prétendent que l'unité en législation est une utopie, une chimère, un rêve irréalisable... elle n'en est pas moins et n'en restera pas moins le plus grand besoin de notre temps.

Disons tout d'abord, qu'en ce qui touche l'unité des diverses législations commerciales, les nécessités du commerce et de l'industrie l'imposent d'une manière pressante à l'attention des divers États de l'Europe. Voici à cet égard comment s'exprime notre confrère M. Frignet, ancien avocat au conseil d'État, et à la Cour de cassation dans son livre sur *l'Histoire de l'Association commerciale*, page 32 : « Il ne suffit pas, dit-il, d'abolir les lois surannées et de les remplacer par d'autres plus conformes à l'esprit des nouveaux principes. Il faut faire un pas de plus ; il faut en arriver à l'uniformité de la législation parmi les peuples commerçants. C'est à cette condition et à cette condition seule, que la liberté produira les immenses résultats qu'on s'en promet. Dégagé de toutes préoccupations sur ses droits, en cas de contestation, le négociant pourra s'appliquer exclusivement au côté mercantile de ses affaires. Il ne craindra plus de perdre son temps et son argent en procès d'autant plus dangereux qu'ils s'élèvent au loin contre des adversaires, d'après des lois, devant des tribunaux inconnus. Il se montrera plus facile dans les conditions de crédit, plus disposé à nouer avec les contrées, même les plus éloignées, des relations que la correspondance par la vapeur et le télégraphe rendront de plus en plus sûres.

Ce n'est plus aujourd'hui le vain désir de réaliser un idéal plus généreux que sensé, c'est la nécessité, la force même des choses qui nous entraîne vers cette unité de lois et de règlements commerciaux. Partout se manifeste cette tendance irrésistible. Les grands chemins de fer européens sont à peine construits et déjà les compagnies sont amenées à se réunir, à former des conférences pour uniformiser, autant que le permet leur caractère semi-administratif, les conditions des transports et les dispositions qui régissent leurs rapports avec le public. Les Gouvernements, à leur tour, règlent par des conférences, pour ainsi dire permanentes, le mode d'exploitation de la télégraphie électrique, le transport des lettres, etc. Dans un autre ordre de matières, les traités, les conventions diplomatiques ont aboli la course, et ont placé presque partout la propriété privée en dehors des atteintes des belligérants, et ont donné au droit public maritime un caractère plus universel et plus uniforme que jamais, tandis que des congrès d'armateurs, d'assureurs et de négociants s'occupent d'introduire l'unité dans les points peu nombreux que les lois maritimes ont abandonnés au règlement des usages locaux. »

L'unité est donc en législation le grand besoin de notre temps. — Au moyen âge les nécessités de la navigation amenèrent l'uniformité des lois maritimes. De nos jours les chemins de fer et la télégraphie électrique produisent le même effet sur la législation terrestre.

Il existe, sans doute, dans les diverses législations commerciales des États de l'Europe des différences marquées, notamment dans les questions relatives à la faillite, à l'administration commerciale, à la qualité de commerçant, à l'organisation des tribunaux de commerce, au protêt de la lettre de change faute de payement. Mais il y a identité dans plusieurs autres dispositions, par exemple dans tous les contrats consensuels, et spécialement dans le contrat de société, la foi française, à peu près seule, est différente des autres. Il serait donc facile d'établir en Europe une législation commerciale uniforme.

Quant à l'unité des législations civiles, elle n'est pas moins utile... C'est une œuvre que réclament le progrès et la civilisation, et qui doit contribuer puissamment à unir solidement entre eux les différents peuples de l'Europe, et à leur donner le bonheur. Cette unité de législation en matière civile n'est point irréalisable comme on se plaît à le soutenir. Elle n'est point irréalisable, car il est certain que tous les peuples de l'Europe (sauf les quelques exceptions que nous avons signalées), ayant une commune origine, ainsi que nous l'avons démontré, pourraient parfaitement être soumis à des lois identiques. De plus, il est manifeste que les législateurs ont pris pour bases de leurs travaux ces trois principes élémentaires du droit public, à savoir : la *sûreté individuelle*, la *liberté individuelle* et le *droit de propriété*, et que dans tous les pays le droit civil, de même que le droit pénal, ne sont que des conséquences de ces principes.

L'unité de législation conduirait les nations à une étude perpétuelle des intérêts généraux de l'Europe, et cette étude finirait par créer un corps de doctrines solides, qui se transmettrait de générations en générations en s'enrichissant des lumières de chaque génération et de chaque peuple. La loi deviendrait alors une souveraine immuable devant laquelle s'uniraient et se courberaient tous les peuples, et sous les rayons brillants de ce flambeau divin. Ils marcheraient vers la réalisation du grand principe de l'unité humaine, dans la paix et dans la liberté.

Mais pardon, cher maître et ami, de cette trop longue digression, voici le projet de constitution que l'étude des diverses constitutions des États de l'Europe m'a conduit à rédiger, et que je soumets à votre examen.

PROJET DE CONSTITUTION FRANÇAISE

DROIT PUBLIC DES FRANÇAIS

§ 1. — ÉGALITÉ DEVANT LA LOI.

Article premier. — Tous les citoyens sont égaux devant la loi quels que soient leurs titres et leurs rangs. Ils sont tous également admissibles aux emplois publics.

Art. 2. — Les titres de noblesse transmissibles par succession ne peuvent conférer ni privilége, ni exemption des charges de l'État.

Toutes les distinctions de naissance, de classe ou de caste sont abolies.

§ 2. — Liberté de conscience.

Art. 3. — Nul ne peut être recherché à raison de ses opinions religieuses, tant que leur manifestation publique ne blesse ni la morale, ni l'ordre public. Chacun professe sa religion avec une égale liberté, et obtient pour son culte la même protection.

Art. 4. — Les ministres des cultes actuellement reconnus par l'État, ou des cultes qui pourraient l'être ultérieurement, reçoivent un traitement de l'État.

§ 3. — Liberté individuelle.

Art. 5. — La loi ne reconnaît aucune servitude personnelle. L'esclavage ne peut par suite exister sur aucune terre française, et tout esclave qui met le pied sur le territoire français devient, par cela seul, homme libre.

Art. 6. — Il ne peut être interdit à un citoyen de quitter le territoire français pour voyager dans les pays étrangers, ou pour aller s'y établir. De même un citoyen ne peut être expulsé du territoire français qu'en vertu d'un jugement.

Art. 7. — Aucun citoyen ne peut être arrêté et détenu que suivant les prescriptions de la loi. Il ne peut être laissé plus de vingt-quatre heures dans l'ignorance de la cause de son arrestation. Il doit enfin être conduit dans les quarante-huit heures devant le magistrat chargé de l'instruction du fait dont il est inculpé.

Art. 8. — Il ne pourra être procédé à un interrogatoire quelconque de l'inculpé qu'en présence du défenseur dont il aura fait choix, ou à défaut, en présence de celui qui lui aura été nommé d'office.

Art. 9. — Nul ne peut être distrait de ses juges naturels. Il ne peut être établi de tribunaux d'exception, ni de commissions extraordinaires.

§ 4. — Inviolabilité du domicile.

Art. 10. — Le domicile de tout citoyen est inviolable ; nul ne peut y pénétrer sans son consentement, sauf s'il s'agit de l'exécution d'un mandat d'arrestation délivré dans les formes légales par le magistrat compétent[1].

[1] Les magistrats du parquet sont seuls compétents pour décerner un mandat d'arres'ation.

Art. 11. — Les visites domiciliaires, dans le cas où elles sont jugées nécessaires pour l'instruction d'un procès criminel, ne peuvent être faites qu'en vertu d'un mandat délivré par le magistrat compétent. Elles ne peuvent être faites là nuit que dans le cas d'extrême urgence. Il ne peut y être procédé qu'en présence du défenseur de l'inculpé, ou d'un mandataire désigné par lui.

Toute perquisition ordonnée pour découvrir, dans les papiers d'un citoyen, des écrits dont la criminalité n'aurait pas été judiciairement établie, est considérée comme illégale et vexatoire, et peut donner lieu à des dommages-intérêts contre ceux qui l'ont ordonnée.

§ 5. — LIBERTÉ DU TRAVAIL.

Art. 12. — La constitution garantit aux citoyens la liberté du travail et de l'industrie.

§ 6. — DU DROIT DE PROPRIÉTÉ.

Art. 13. — La propriété est inviolable.

L'expropriation totale ou partielle ne peut avoir lieu que pour cause d'utilité publique légalement constatée, et moyennant une juste indemnité déterminée soit à l'amiable, soit par le jury d'expropriation. Cette indemnité devra être payée avant qu'il ne soit procédé à toute dépossession de l'exproprié.

Sont insaisissables : les meubles meublants de tout débiteur, ainsi que ses vêtements, son linge, ses ustensiles de ménage, et tout ce qui sert soit directement, soit indirectement à l'exercice de ses profession, art ou métier.

§ 7. — LIBERTÉ DE LA PRESSE.

Art. 14. — Toute personne, ayant la jouissance de ses droits civils et politiques, peut librement exprimer sa pensée par parole, écrit, impression, desseins et généralement de toutes les manières possibles.

Toute personne peut également pétitionner... Toutefois les pétitions collectives ne peuvent être présentées que par les autorités ou par les membres des Chambres.

Les journaux traitant de matières politiques sont soumis à un cautionnement et au timbre.

Art. 15. — Il est interdit d'une manière absolue de rendre compte des actes de la vie privée de toutes personnes, même de celles qui remplissent des fonctions publiques. La manière dont ces derniers remplissent leurs fonctions peut seule être signalée au public, et faire l'objet d'une discussion. Peuvent, néanmoins, être l'objet de toutes critiques tous les discours, ouvrages, pièces de théâtre ou écrits quelconques, n'importe de qui ils émanent.

Art. 16. — Il est interdit aussi de publier des écrits, de même que des fausses nouvelles, qui seraient de nature à nuire à la considération des personnes, et à exciter contre elles l'opinion publique.

Art. 17. — Le secret des lettres est inviolable de la manière la plus absolue.

§ 8. — DROIT DE RÉUNION ET D'ASSOCIATION.

Art. 18. — Tous les citoyens ont le droit de se réunir, paisiblement et sans armes, dans un local fermé, après avoir informé l'autorité de l'objet de cette réunion.

Ce droit ne s'applique pas aux assemblées en plein air, lesquelles sont soumises à l'autorisation préalable des autorités.

Art. 19. Tout attroupement armé est un attentat à la constitution; il doit être dissipé sur-le-champ.

Art. 20. — Si les magistrats chargés de veiller au maintien de l'ordre public jugent qu'un rassemblement quelconque a un caractère séditieux, ils ont le droit d'ordonner qu'il se disperse, et en cas de refus, il peut être dispersé par la force.

Art. 21. — Tous les Français ont le droit de former des associations dont le but n'est pas contraire aux lois.

Les associations politiques peuvent être soumises à des restrictions et à des suppressions temporaires.

Art. 22. — L'exercice du droit de réunion et du droit d'association n'a d'autres limites que les droits ou la liberté d'autrui, et la sécurité publique.

§ 9. — LIBERTÉ D'ENSEIGNEMENT.

Art. 23. — L'enseignement est libre.

La liberté d'enseignement s'exerce selon les conditions de capacité et de moralité déterminées par les lois.

Art. 24. — L'enseignement primaire est gratuit.

La commune, et dans le cas où la commune n'a pas de ressources suffisantes, l'État subvient à l'établissement, à l'entretien et à l'amélioration des écoles publiques destinées à l'enseignement primaire.

L'État garantit aux instituteurs publics un revenu fixé suivant les ressources et l'importance des localités.

Le conseil général de chaque département nomme chaque année des inspecteurs, pris en dehors de l'université, qui ont mission de visiter les établissements du département destinés à l'instruction de la jeunesse, et de s'assurer si l'enseignement est pratiqué d'une manière convenable et complète.

GARANTIE DES DROITS

Art. 25. — Le respect dû aux droits des citoyens est garanti :

1° Par la responsabilité civile et pénale de ceux qui violent ces droits ;

2° Par le droit de résistance aux actes arbitraires et illégaux ;

3° Par le droit de pétition.

Art. 26. Tout dépositaire de l'autorité, tout agent civil ou militaire qui, en connaissance de cause, a lésé un citoyen, exécuté ou ordonné un acte portant illégalement atteinte aux droits garantis par la loi est personnellement responsable.

FORME DE GOUVERNEMENT

Art. 27. — Le peuple fixe par un vote la forme du Gouvernement qu'il entend se donner.

DES POUVOIRS PUBLICS

Art. 28. — Tous les pouvoirs émanent de la Nation.

Art. 29. — Le pouvoir législatif est exercé collectivement par le Chef du pouvoir exécutif, par la Chambre des députés et par le Sénat.

1er. — DU POUVOIR EXÉCUTIF.

Art. 30. Le pouvoir exécutif est délégué par la Nation à un citoyen qui l'exercera sous un titre quelconque.

Art. 31. — Le Chef du pouvoir exécutif doit être né Français et n'avoir jamais perdu la qualité de Français.

Art. 32. — Avant d'entrer en fonctions, il doit prêter le serment suivant :

« Je jure d'être fidèle à la Nation et à la loi, et de consacrer tous « mes efforts au maintien et au développement de la grandeur de la « Nation, à l'amélioration de la fortune publique, et de la condition « des citoyens. »

Art. 33. — Le Chef du pouvoir exécutif a droit d'entrée dans les deux Chambres... En cas d'empêchement, il est représenté par les ministres.

Art. 34. — Il fait présenter à la Chambre des députés les projets de loi que bon lui semble. Il dispose de la force armée, mais il ne peut en prendre le commandement qu'après avoir consulté la Chambre des députés.

Art. 35. — Il veille à la défense de l'État; il ne peut cependant entreprendre aucune guerre sans avoir obtenu le consentement des Chambres. Avant de donner son consentement à ce qu'une guerre soit entreprise, la Chambre des députés doit préalablement consulter les conseils généraux afin de connaître le sentiment de la Nation sur la guerre à entreprendre.

Art. 36. — Il ne peut céder aucune partie du territoire ni accepter aucune cession de territoire étranger sans le consentement de la Chambre des députés.

Art. 37. — Il règle le commerce avec les nations étrangères au moyen de traités qu'il ratifie, après les avoir soumis à l'appréciation de la Chambre des députés.

Art. 38. — Il nomme et révoque les ministres, les agents diplomatiques, tous les officiers des armées de terre et de mer, ceux de la garde mobile et de la garde mobilisable, les officiers supérieurs de la garde civique sédentaire, les magistrats près les cours et tribunaux, et généralement tous les fonctionnaires d'un ordre supérieur ou d'un ordre inférieur, à la nomination desquels il n'aura pas été pourvu d'une autre manière. Il a le droit de faire grâce et d'accorder des amnisties.

Art. 39. — Il doit convoquer les Chambres au mois de novembre de chaque année; il leur fait connaître d'une manière exacte la situation des affaires intérieures et des affaires extérieures du Pays.

Art. 40. — Tous les actes du Chef du pouvoir exécutif doivent être contre-signés par un ministre.

La promulgation des lois se fait au nom du Chef du pouvoir exécutif, par les soins des ministres, au moyen de l'insertion au *Journal officiel* et au *Bulletin des lois*.

Cette promulgation se fait dans le délai de trois jours pour les lois d'urgence, et pour les autres lois dans le délai d'un mois, à partir du jour où elles ont été adoptées par la Chambre.

§ 2. — DU SÉNAT.

Art. 41. — Le Sénat est composé des illustrations du Pays dans l'église, les sciences, les lettres, les arts, dans la magistrature et dans l'armée, et généralement de tous ceux dont le Pays a le devoir de récompenser le patriotisme et le talent.

Art. 42. — Les sénateurs doivent être âgés de trente ans au moins. Ils sont élus, savoir : la moitié par le Chef du pouvoir exécutif, et l'autre moitié par la Chambre des députés qui les nomme au scrutin secret, d'après une liste de présentation dressée concurremment par les ministres et par le bureau de la Chambre.

Art. 43. — Le nombre des sénateurs est de deux cents. — Il est alloué à chaque sénateur un traitement annuel de 15,000 francs, payable par douzième mensuellement.

Art. 44. — Le Sénat apprécie les lois votées par la Chambre des députés ; il peut les discuter et s'opposer à leur promulgation. Dans ce cas, ces lois sont soumises à une nouvelle délibération, à la session de l'année suivante. La Chambre des députés modifie la loi qui lui est renvoyée, ou persiste dans la première rédaction ; dans ce dernier cas, elle est soumise de nouveau au Sénat, qui ne peut plus s'opposer à sa promulgation.

Art. 45. — Le Sénat connait des crimes de haute trahison et des attentats à la sûreté de l'État.

Il se constitue, lorsqu'il y a lieu, en haute cour de justice pour juger les crimes commis soit par ses propres membres, par le Chef du pouvoir exécutif, les députés, les ministres, les membres du conseil d'État, les magistrats près les cours et tribunaux, les préfets, les receveurs généraux, soit enfin par les officiers supérieurs des armées de terre et de mer.

Art. 46. — Aucun sénateur ne peut être arrêté que de l'autorité du Sénat.

Art. 47. — Les séances du Sénat sont publiques, mais le Sénat peut se constituer en comité secret sur la demande qui en est faite par son président ou par dix de ses membres.

§ 3. — Chambre des députés.

Art. 48. — La Chambre des députés est composée des députés élus par les colléges électoraux, dont l'organisation sera déterminée par une loi.

Art. 49. — Le nombre des députés est de deux par arrondissement, sauf pour Paris, où le nombre est fixé à vingt.

Art. 50. — Les députés sont élus pour trois ans. Le suffrage est universel et au scrutin secret.

Art. 51. — Pour être électeur, il faut être âgé de vingt-cinq ans au moins, et avoir son domicile dans la commune depuis trois ans révolus.

Art. 52. — Pour être éligible, la loi n'impose aucune condition de domicile, il suffit d'être né en France, de n'avoir jamais perdu la qualité de Français, d'être âgé de trente ans, d'avoir la jouissance des droits civils et politiques, et enfin de payer 150 francs d'impositions.

Art. 53. — Les députés ont droit à une indemnité mensuelle de 600 francs, qui leur est payée pendant toute la durée de la session.

Art. 54. — Les députés ne peuvent être tenus à des mandats impératifs.

Art. 55. — Ils ne peuvent être poursuivis ni arrêtés durant la session, sauf le cas de flagrant délit. L'arrestation du député s'opère alors après que la Chambre en a donné l'autorisation.

Art. 56. — Tout député a l'initiative parlementaire. Il peut adresser des interpellations au Gouvernement toutes les fois qu'il le juge utile. La demande afin d'interpellation n'est soumise à aucune formalité préalable. Elle doit simplement être formulée par écrit, et signée du député qui demande à interpeller le Gouvernement. La demande est ensuite adressée au président de la Chambre qui la transmet à l'un des ministres, et de préférence à celui qui est présumé pouvoir répondre à ce qui fait l'objet de l'interpellation.

Art. 57. — Les président, vice-présidents, secrétaires de la Chambre et généralement tout le bureau, sont élus par elle à l'ouverture de chaque session.

Art. 58. — La Chambre se partage en bureaux pour discuter les projets de loi, qui lui sont présentés de la part du Chef du pouvoir exécutif, ou qui sont proposés par un député.

Art. 59. — Aucun impôt ne peut être établi ni perçu qu'après avoir été admis et voté par la Chambre des députés.

Art. 60. — Toute pétition à l'une ou l'autre des deux Chambres ne peut être présentée que par écrit. La loi interdit d'en apporter en personne à la barre.

Art. 61. — Les séances de la Chambre sont publiques. Toutefois, il suffit de la demande de dix de ses membres pour qu'elle se forme en comité secret.

DES MINISTRES

Art. 62. — Le Chef du pouvoir exécutif peut choisir ses ministres parmi les membres de la Chambre des députés ; il peut cependant les prendre en dehors des membres de la Chambre.

Art. 63. — Les ministres ont entrée au Sénat et à la Chambre des députés, et ils doivent y être entendus toutes les fois qu'ils le demandent.

Art. 64. — Ils n'ont le droit de voter dans l'une ou l'autre des Chambres que quand ils en sont membres.

Art. 65. — Le Sénat et la Chambre des députés peuvent réclamer, quand bon leur semble, la présence des ministres.

Art. 66. — Les ministres sont responsables des actes signés par eux, ainsi que de l'exécution des lois.

Art. 67. — La Chambre des députés a le droit d'accuser les ministres et de les traduire devant le Sénat qui, seul, a le droit de les juger lorsqu'ils ont compromis la sûreté ou l'honneur de la Nation.

DU CONSEIL D'ÉTAT

Art. 68. — Le Conseil d'État est composé : d'un président et d'un vice-président, de trente conseillers d'État, de vingt maîtres des requêtes, de vingt auditeurs et d'un secrétaire-général ayant rang de maître des requêtes.

Il pourra y avoir en outre vingt-quatre conseillers d'État hors sections, et douze en service extraordinaire.

Art. 69. — Les membres du conseil d'État sont nommés par le Chef du pouvoir exécutif.

Art. 70. — Le conseil d'État a pour attributions de préparer les projets de lois présentés par le Gouvernement et de les soutenir devant les Chambres concurremment avec les ministres.

Le conseil d'État est consulté aussi sur les projets de loi dus à l'initiative parlementaire, projets qui lui sont toujours renvoyés par la Chambre des députés.

Il prépare enfin les règlements d'administration publique.

ADMINISTRATION INTÉRIEURE

Art. 71. — Le département se divise en arrondissements, cantons et communes. Il y a, dans chaque département, une administration composée d'un préfet et d'un conseil géneral; dans chaque arrondissement, un conseil d'arrondissement dont le président est élu par ses collègues; dans chaque canton, un conseil cantonal; enfin, dans chaque commune une administration composée d'un maire, de deux adjoints et d'un conseil municipal.

Art. 72. — Une loi spéciale déterminera la composition des conseils généraux, des conseils d'arrondissements, des conseils cantonaux, des conseils municipaux, ainsi que leurs attributions, et le mode de nomination des maires et des adjoints.

Art. 73. — Les membres des conseils généraux et des conseils municipaux sont élus par le suffrage direct de tous les citoyens âgés de vingt-cinq ans, domiciliés dans la commune depuis un an au moins, et payant une imposition de 10 francs par an. — Chaque canton élit un membre pour le conseil général.

Art. 74. — Dans toutes les villes dont la population est inférieure à 40 mille âmes, le préfet est nommé par le Conseil général, et choisi sur une liste de présentation dressée par le ministre de l'intérieur. Dans le département de la Seine, et dans les villes dont la population est supérieure au chiffre de 40 mille âmes, les préfets sont nommés par le Chef du pouvoir exécutif.

Art. 75. — Les conseils généraux, d'arrondissement, de cantons et les conseils municipaux peuvent être dissous par le Chef du pouvoir exécutif, qui, dans les soixante jours de leur dissolution doit faire procéder à leur réélection.

DU POUVOIR JUDICIAIRE

Art. 76. — Le pouvoir judiciaire est exercé par les cours et tribunaux, qui ne sont soumis à aucune autre autorité que celle des lois.

Art. 77. — Tous les magistrats de l'ordre judiciaire sont nommés par le Chef du pouvoir exécutif.

Nul ne peut être juge de paix ni juge en première instance s'il n'est âgé de trente-cinq ans ; il ne peut être conseiller à la cour de cassation ou à la cour d'appel s'il n'a atteint l'âge de quarante-cinq ans.

Art. 78 — Les juges et conseillers sont inamovibles. — Ils ne peuvent être destitués ou mis en disponibilité que pour les causes déterminées par la loi, et en vertu d'un jugement. Toutefois, leur déplacement non volontaire peut avoir lieu sur la plainte du parquet ou de dix avocats près la cour d'appel du ressort inscrits au tableau de l'ordre des avocats depuis plus de dix ans.

Art. 79. — Dans les villes où siégent le tribunal de première instance et la cour d'appel, les magistrats du tribunal et ceux de la cour reçoivent un égal traitement.

Art. 80. — La justice est rendue au nom de la loi.

Les jugements et arrêts sont rendus et exécutés au non de la loi. Toute décision judiciaire doit indiquer si elle a été rendue à l'unanimité ou à la simple majorité.

Art. 81. — Les débats sont publics à moins que la publicité ne soit dangereuse pour l'ordre ou la morale. Dans ce cas, le tribunal le déclare par un jugement.

Art. 82. — Le jury est appliqué en matière criminelle, et pour toutes les infractions commises par la voie de la presse.

Art. 83. — Les citoyens ont le droit de faire prononcer sur tous les différents qui les divisent par des arbitres de leur choix. La décision de ces arbitres est toujours en dernier ressort, et les parties ne peuvent valablement se réserver le droit de l'attaquer par la voie de l'appel ou du recours en cassation.

Art. 84. — Il y a dans chaque canton un juge de paix qui statue en dernier ressort sur toutes les demandes dont la valeur n'excède pas 300 francs, et à charge d'appel sur toutes celles qui ne s'élèvent pas au-dessus de 1,200 francs.

Le recours en cassation est de droit, quelque soit le chiffre de la demande.

Art. 85. — Les tribunaux administratifs et les tribunaux de commerce sont supprimés.

Art. 86. — Il y a dans chaque arrondissement un tribunal de première instance. Les tribunaux de première instance connaissent en dernier ressort de toutes les demandes jugées en premier ressort par les juges de paix, et de toutes demandes quelconques dont la valeur n'excède pas 2,500 francs, et en premier ressort de toutes demandes quel qu'en soit le chiffre.

Ils connaissent généralement de toutes les matières quelconques, soit civiles, soit administratives, soit commerciales.

Art. 87. — Les cours d'appel et la cour de cassation sont mainte-nues. Si des modifications à leur organisation sont nécessaires il y sera pourvu par une loi spéciale.

Art. 88. — Les conseils de guerre, de révision, des armées de terre et de mer, les tribunaux maritimes et le conseil des prud'hommes conservent leur organisation et leurs attributions jusqu'à ce qu'il y ait été dérogé par une loi.

DE L'ARMÉE

Art. 89. — Tout Français de vingt à quarante ans, sauf les excep-tions déterminées par la loi spéciale sur le recrutement, est tenu au service militaire, et ne peut se faire remplacer dans l'accomplisse-ment de cette obligation.

Art. 90. — La durée du service est de quatre années dans l'armée active, de six années dans la garde mobile, et de dix années dans la garde civique sédentaire mobilisable.

Art. 91. — Les officiers et soldats faisant partie de la garde mobile pourront contracter mariage sans avoir besoin de l'autorisation du ministre de la guerre.

Art. 92. — Les citoyens qui se consacreront au service militaire, qui en feront leur profession, composeront la garde *civique*. Les offi-ciers et soldats de ce corps pourront demeurer sous les drapeaux tant qu'ils seront valides; toutefois, les officiers ne le pourront plus après l'âge de soixante ans, et les sous-officiers et soldats après l'âge de cin-quante ans. Ces derniers auront droit à une pension de retraite qui ne pourra être moindre de 600 fr. par an.

FINANCES

Art. 93. — L'impôt a pour base le revenu fixe et certain du contri-buable, d'après la seule déclaration qui est faite chaque année, par ce dernier dans le courant de janvier.

En cas de déclaration fausse ou inexacte, le contribuable est passi-ble d'une amende représentant son revenu de trois années.

Art. 94. — Les dépenses publiques sont l'objet des délibérations de la Chambre des députés : elles sont fixées par cette dernière.

Art. 95. — Les comptes détaillés des dépenses de toute nature, afférentes à chaque ministère, sont rendus publics au commence-ment de chaque année.

Art. 96. — Sont également publiées à la même époque les dépenses particulières à chaque département, et aussi celles relatives à tous les travaux et établissements publics.

Art. 97. — Les emprunts pour le compte du Trésor ne sont contractés qu'en vertu d'une loi. Il en est de même de toute garantie à la charge de l'État.

Art. 98. — La Chambre des députés nomme cinq commissaires, qui, sous le titre d'inspecteurs généraux de la Trésorerie nationale, sont chargés de surveiller la recette de tous les deniers nationaux, et l'emploi qui en est fait, et de donner immédiatement connaissance à la Chambre des députés des abus, malversations qui peuvent avoir été commis, comme aussi de tous cas de responsabilité qu'ils découvrent dans le cours de leurs opérations.

RÉVISION DE LA CONSTITUTION

Art. 99. — Si l'expérience faisait sentir les inconvénients de certaines dispositions de la Constitution, le Sénat en proposerait la révision à la Chambre des députés.

Art. 100. — La Chambre des députés doit examiner d'urgence toute proposition tendante à la révision de la Constitution, et y statuer dans le mois qui suit la présentation qui lui en a été faite.

DISPOSITIONS PARTICULIÈRES

Art. 101. — La dette publique est garantie. — Toute espèce d'engagement pris par l'État avec ses créanciers est inviolable.

Art. 102. La Légion d'honneur est maintenue. Toutefois les statuts en seront revisés.

Art. 103. L'État doit pourvoir à la récompense des inventeurs.

La loi doit leur assurer la propriété exclusive de leurs découvertes. A cet effet, il leur est délivré un brevet dont la taxe annuelle est de 10 francs, payable pendant toute la durée du brevet qui ne peut excéder quinze années.

E. F. MOULIN.

Paris, 20 février 1871.

CONSIDÉRATIONS ET MOTIFS

Dans ce projet de constitution, nous nous sommes attaché à conserver les dispositions des principales constitutions de la France et des États de l'Europe, qui consacrent les grands principes de droit public admis par tous les législateurs.

Le projet proclame en première ligne, le principe de l'égalité devant la loi. Cette égalité est une des conditions essentielles d'une bonne justice. Tous les citoyens d'un même État doivent en effet être soumis également à l'application des lois, et en recevoir également la protection, puisque tous sont indistinctement appelés, dans la mesure de leurs moyens, à contribuer aux charges de l'État. Ainsi, égalité devant la loi, comme première règle de droit public, et abolition de toute distinction de naissance ou de caste, commé complément de cette égalité.

Toute législation doit assurer à tout citoyen les libertés essentielles, savoir : la liberté de conscience, la liberté individuelle, lui garantir l'inviolabilité de son domicile, et le respect de ses propriétés. C'est pourquoi le projet insiste sur les mesures qui sont de nature à rendre le domicile inviolable. Il proclame aussi l'inviolabilité du droit de propriété, mais réserve cependant à tout individu la jouissance absolue des meubles et objets mobiliers utiles à ses besoins et à ceux de sa famille, et généralement de tout ce qui sert à l'exercice de sa profession, de son art ou de son métier. Il déclare ces objets insaisissables pour quelque cause que ce soit. Cette insaisissabilité assure à tout citoyen un domicile, c'est-à-dire un des éléments nécessaires à la vie.

Un honorable conseiller à la cour de cassation, M. Lavielle, dans l'ouvrage qu'il a publié en 1865, a exprimé l'opinion qu'on devait réduire à un très-petit nombre les objets saisissables.

Pour nous, allant plus loin encore, nous considérons la

saisie-exécution comme une mesure déplorable... Dans cette voie d'exécution, la loi contrairement à son but, à son objet, se montre à la fois cruelle et insuffisante..... Elle est cruelle parce qu'elle ne frappe pas seulement le saisi, mais plus rigoureusement encore sa femme et ses enfants, le plus souvent vicimes innocentes des fautes de l'incapacité ou des malheurs du chef de la famille, fautes ou malheurs à la suite desquels la saisie a été pratiquée..... Elle est insuffisante, parce qu'un débiteur peut facilement, lorsqu'il se trouve menacé d'une saisie, vendre ses biens et les mettre ainsi hors de l'atteinte de ses créanciers. Il y a donc lieu de faire disparaître de nos lois la saisie-exécution qui est aussi attentatoire à la liberté du citoyen, que l'était la contrainte par corps.

Il faut cependant sauvegarder, contre la mauvaise foi du débiteur, les droits des créanciers en général, et spécialement les droits des propriétaires contre l'insolvabilité ou la mauvaise foi des locataires. Mais il serait facile d'atteindre ce but, en édictant des dispositions pénales contre tous les actes de mauvaise foi, et à l'égard du propriétaire en déclarant qu'à défaut de payement d'un seul terme de loyer, tout bail sera résilié de *plein droit*, et que le locataire sera expulsé sans procédure, avec la seule assistance du commissaire de police, ou d'un simple garde champêtre s'il s'agit d'une ferme. Du reste, la saisie-exécution n'est pratiquée qu'à Paris ou dans les grandes villes. Dans les petites villes, au contraire, cette voie d'exécution est des plus rares. Dans les petites villes, en effet, tout le monde se connaît plus ou moins, la confiance est la règle générale... A Paris, au contraire, la méfiance est incessante; on ne traite une seule affaire sans prendre des renseignements de tous côtés. Il y a même des maisons spéciales de renseignements, qui sont de véritables maisons *à casiers judiciaires commerciaux*, dans lesquelles tout négociant protesté est noté avec soin sur le registre *ad hoc*, et qui, par cette seule annotation perd son crédit. Ces établissements, d'une moralité contestable, devraient être soumis à une surveillance scrupuleuse de l'administration, et n'être autorisés que moyennant le versement d'un cautionnement important. Il faut dans toute société moraliser les individus ; le meilleur moyen est assurément de leur inspirer le culte de la bonne foi et de l'honneur, culte que de nos jours les méfiances incessantes dans les rapports sociaux s'appliquent à détruire.

Le projet de Constitution proclame et garantit la liberté d'écrire et la liberté d'enseigner. Toutefois, il faut protéger la société contre les excès de la presse. A cet effet, il y a lieu de soumettre celui qui veut publier un journal ou un écrit périodique, à certaines conditions préalables. Suivant nous, il vaut mieux avoir recours aux mesures préventives, qu'aux pénalités, nous sommes donc d'avis de rétablir le cautionnement dans des proportions très-sérieuses, et les droits de timbre, surtout à l'égard des journaux ou écrits périodiques, qui publient des annonces.

Le projet autorise le droit de réunion ; il permet en conséquence aux citoyens de se réunir, sans être tenus d'en demander l'autorisation préalable, pourvu que la réunion ait lieu dans un local fermé, que l'objet de la réunion n'ait rien de séditieux, et que les citoyens en faisant partie soient sans armes.

Le projet attribue à la nation seule le droit de déterminer la forme de gouvernement et règle les attributions des pouvoirs publics, celles du Pouvoir exécutif, du Sénat et de la Chambre des députés, celles aussi du conseil d'État. Il s'occupe ensuite de l'administration intérieure. Le département est administré par le préfet et par le conseil général ; l'arrondissement, par le conseil d'arrondissement, et la commune par le conseil municipal.

Les articles 76 et suivants, jusqu'à l'article 88 inclusivement, sont relatifs au pouvoir judiciaire, qui, suivant nous, est le plus puissant des pouvoirs. Il est donc sage de restreindre le nombre des juridictions ; c'est dans ce but que l'art. 85 du projet supprime les tribunaux de commerce et les tribunaux administratifs, proclamant ainsi l'*unité de juridiction*. Les avantages de l'unité de juridiction sont tellement considérables et si ma-

nifestes qu'il serait dérisoire de vouloir les contester. C'est pour
arriver à cet état d'unité que nous avons proposé la suppression
des tribunaux de commerce et des tribunaux administratifs, qui
sont d'ailleurs aussi inutiles les uns que les autres.

Pour démontrer cette inutilité à l'égard des tribunaux de commerce, rappelons que dans le plus grand nombre de villes où siégent des tribunaux de première instance, ces tribunaux connaissent des affaires commerciales, et que les cours d'appel connaissent en appel de toutes les affaires commerciales quelconques.
Il n'y a donc pas de bonnes raisons pour créer des tribunaux de
commerce spéciaux, et enlever ainsi la connaissance des affaires commerciales aux tribunaux civils, composés de magistrats
qui, bien qu'étrangers au commerce, sont tout aussi capa-
bles de les juger que les négociants que l'élection a faits magistrats.

Mais, dit-on, la juridiction consulaire est plus prompte; et
cette célérité est nécessaire aux intérêts du commerce. Nous
répondons que rien ne s'oppose à ce que cette célérité soit
prescrite aux tribunaux civils lorsqu'ils auront à statuer sur
des affaires commerciales. Hâtons-nous d'ajouter qu'en réalité
cette célérité n'a pas lieu en général, devant les tribunaux de
commerce, surtout, lorsqu'il s'agit d'une affaire de quelque importance. Dans ce cas, le tribunal nomme un arbitre, qui, le
premier apprécie le litige, ce qui établit en quelque sorte un
nouveau degré de juridiction, dont l'introduction présente des
inconvénients d'une haute gravité et qui nécessite de grands
frais et un long retard dans la décision. Donc, pas de célérité
quand il en faudrait.

Lorsqu'il s'agit, au contraire, d'une demande en payement
d'un billet, alors, il faut bien le reconnaître, il y a célérité; mais
une célérité, qui a le plus souvent pour conséquence la consé-
cration d'une injustice, et qui est presque toujours contraire
aux intérêts du créancier, car elle entraîne des frais considérables dans un très-bref délai. Ainsi, j'ai sous les yeux un état de
frais, qui s'élève à 366 francs 75 centimes, lesquels frais ont

été faits pour le recouvrement d'un billet de 150 francs. Dans ce cas, la célérité est nuisible au commerce.

De plus, par la fausse interprétation donnée à l'art. 637 du code de commerce ainsi conçu : « Lorsque les lettres de change et les billets à ordre porteront en même temps des signatures d'individus négociants et d'individus non négociants, *le tribunal du commerce en connaîtra...* » On est arrivé à détruire ce grand principe, *qui veut que nul ne puisse être distrait de ses juges naturels.* Le tribunal de commerce se déclare en effet compétent *d'une manière absolue,* pour connaître de toute demande en payement de billets à ordre, portant en même temps des signatures d'individus négociants et d'individus non négociants, *alors même que les poursuites ne sont dirigées que contre les sous-cripteurs non négociants.* Il ne fait aucune différence entre le cas où la signature du négociant a été apposée postérieurement à celle de l'individu non négociant qui est assigné, et le cas où elle a été apposée antérieurement ; il ne distingue pas non plus entre le cas où le négociant a simplement endossé le billet et celui où il l'a souscrit. Par suite de cette jurisprudence, tout individu, quelle que soit sa profession (avocat, médecin, professeur, ingénieur, etc.), devient justiciable du tribunal de commerce s'il endosse ou souscrit un billet à ordre ou une lettre de change. C'est, nous l'avons fait observer, une atteinte portée au principe d'après lequel « nul ne peut être distrait de ses juges naturels, » principe que toutes les constitutions ont proclamé, et qui l'a été, notamment par les articles 53 de la Charte de 1830, et 4 de la Constitution du 4 novembre 1848[1].

---

[1] La Cour de cassation, par application de ce principe, a déclaré que les ci toyens, *non militaires,* ne pouvaient être traduits devant les tribunaux militaires pour crime d'embauchage, et qu'ils ne sont justiciables que des tribunaux ordinaires (Cass., 2 avril 1831, S. V., 31, 1, 377 ; — 17 juin 1831, S. V., 31, 1, 379 ; — 17 juillet 1832, S. V., 33, 1, 10), et que les dispositions du décret de 1806, qui étendent la juridiction des tribunaux maritimes à d'autres individus qu'aux marins ou attachés au service de la marine, sont abrogées comme contraires au texte et à l'esprit de l'article 53 de la charte de 1830 (Cass , 12 avril 1834, S. V., 34, 1, 280 ; — 23 janvier 1835, S. V., 35, 1, 460).

Combien ce principe, que nul ne peut être distrait de ses juges naturels, se trouve-t-il plus violé par la fausse interprétation donnée à l'article 637 du code de commerce par la jurisprud' *ce.*

C'est par toutes ces considérations, et surtout pour consacrer le principe de l'unité de juridiction que nous avons déclaré la suppression des tribunaux de commerce et des tribunaux administratifs.

Le projet déclare, enfin, le service militaire obligatoire pour tous les citoyens, et admet l'impôt sur le revenu dans des conditions qui n'ont rien d'excessif ni de vexatoire pour les contribuables.

Tels sont les principaux motifs qui nous ont déterminé à édicter certaines dispositions qui paraîtront peut-être radicales, mais qui sont conformes aux sentiments de justice et d'humanité, et de nature à donner une complète satisfaction aux besoins sociaux de notre époque.

E. F. Moulin.

PARIS. — IMP. SIMON RAÇON ET COMP., RUE D'ERFURTH, 1.